Carnet de Poésie

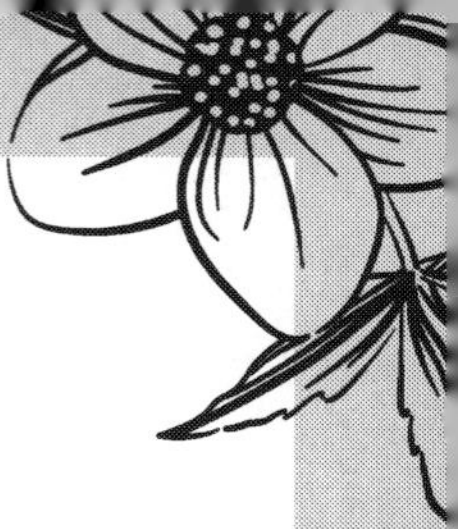

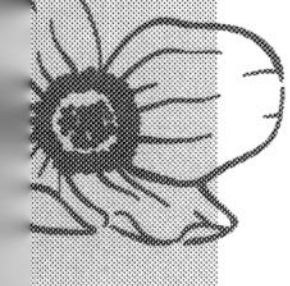

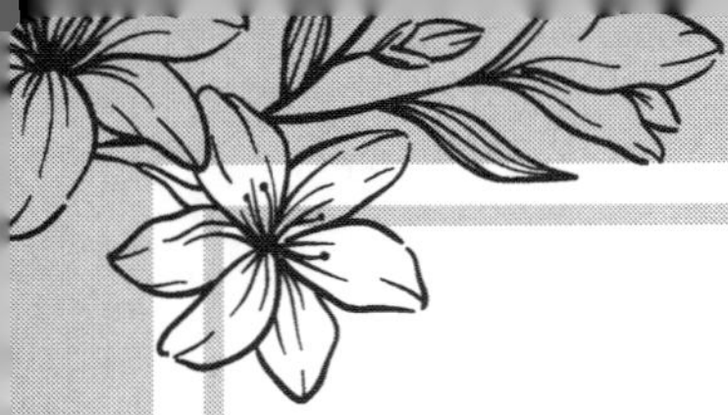
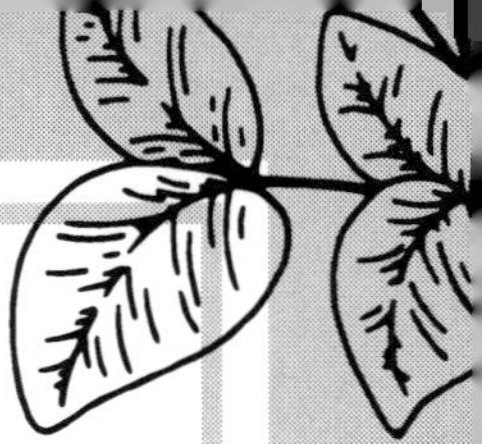
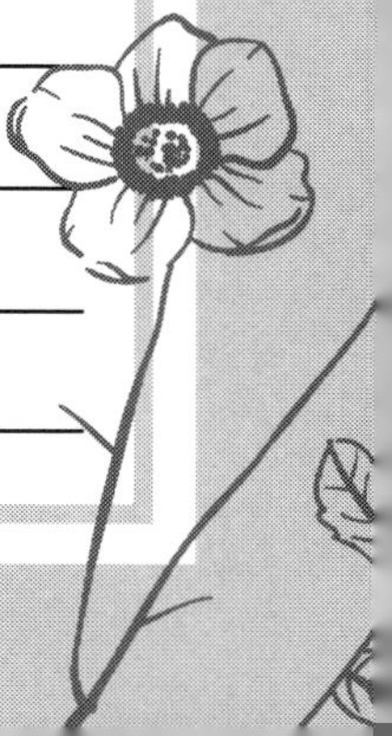

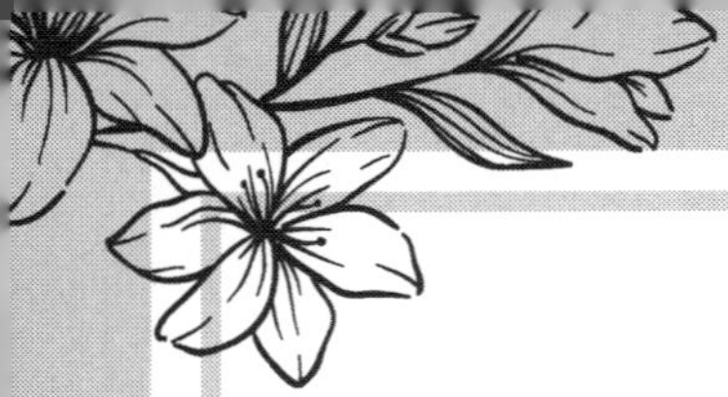

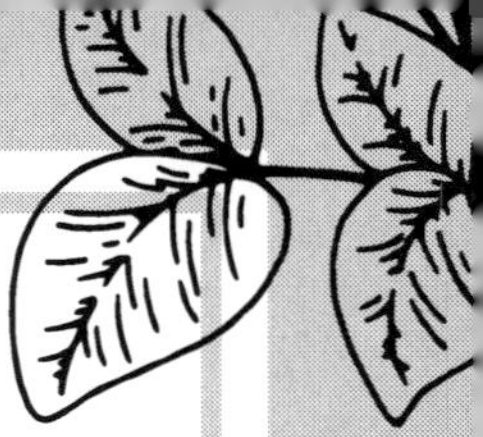

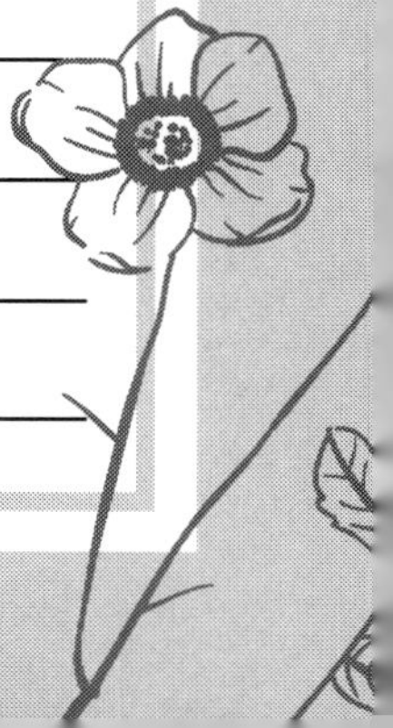

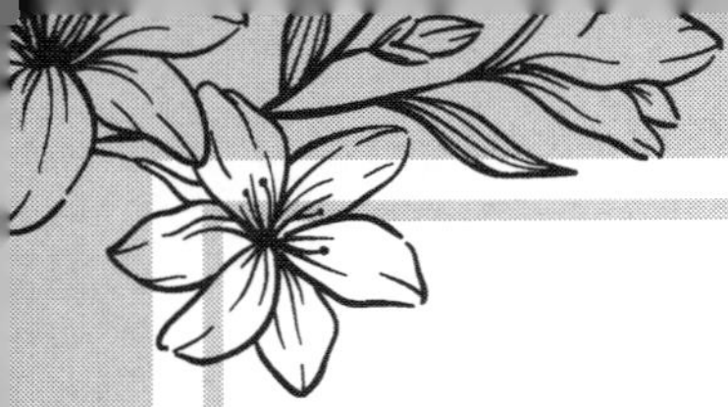
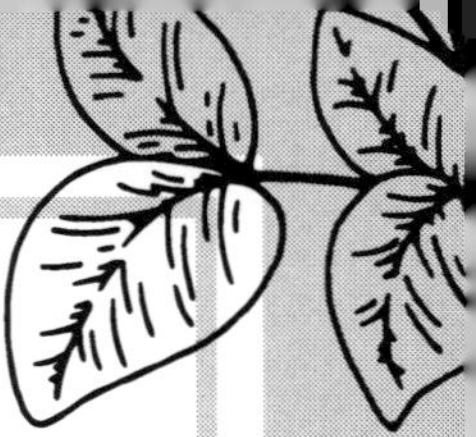
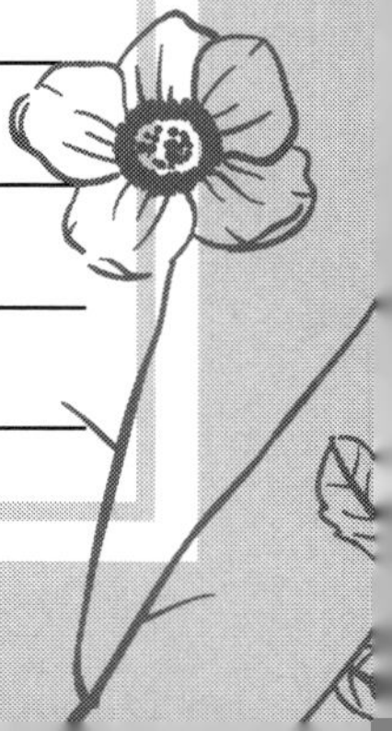

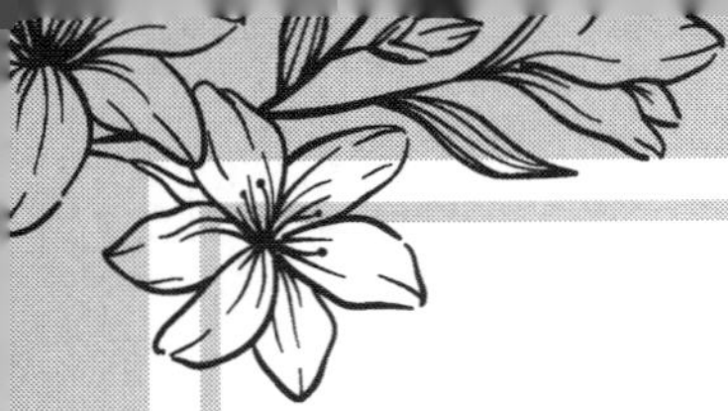

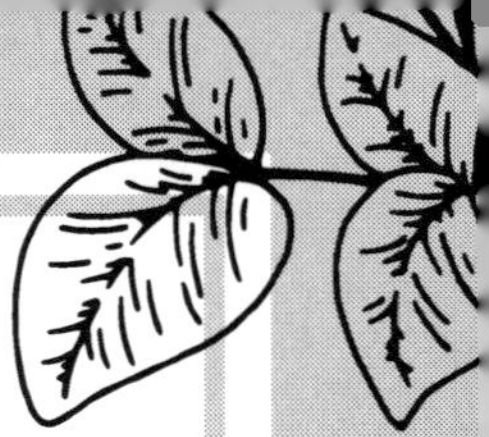

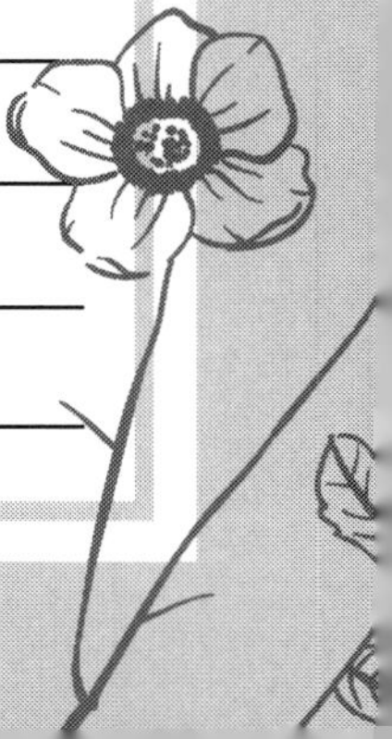

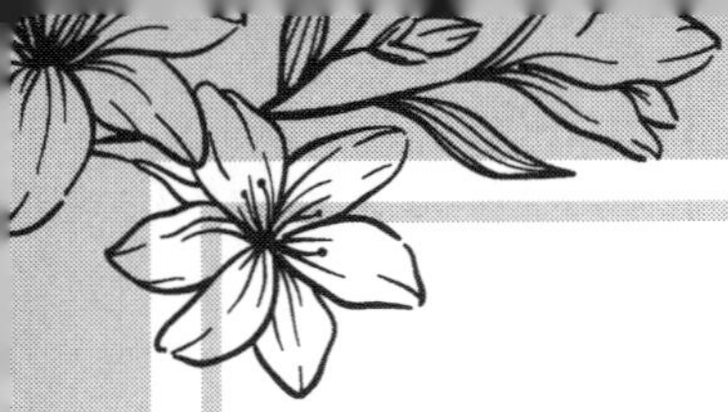
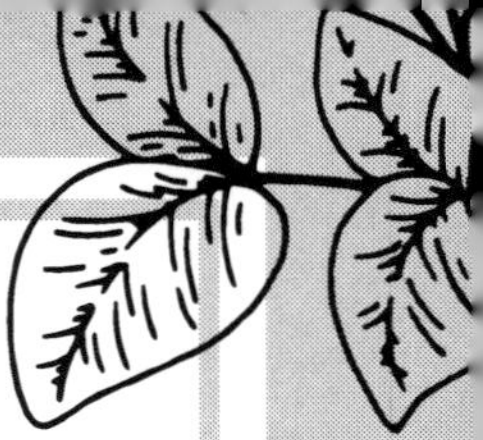
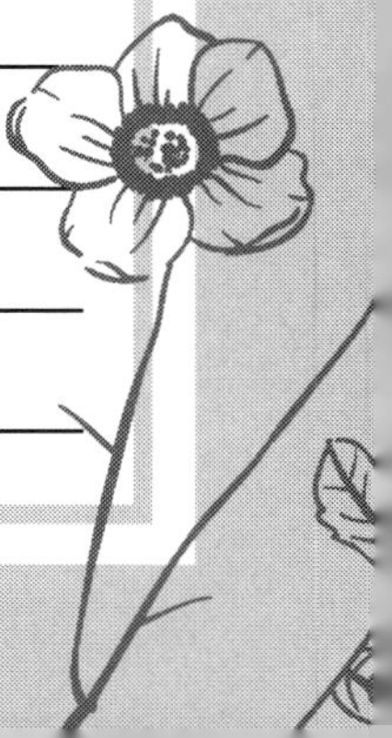

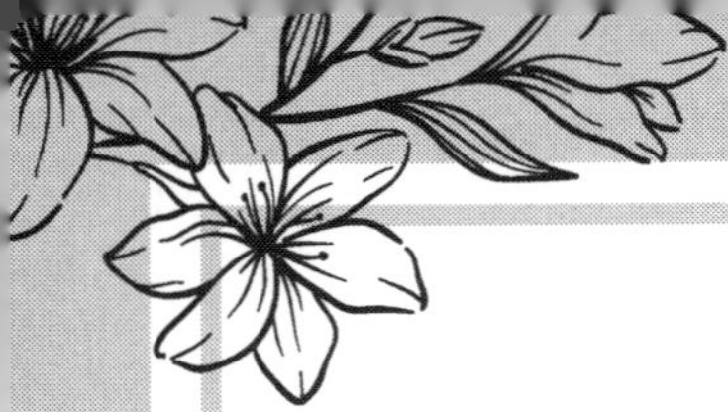
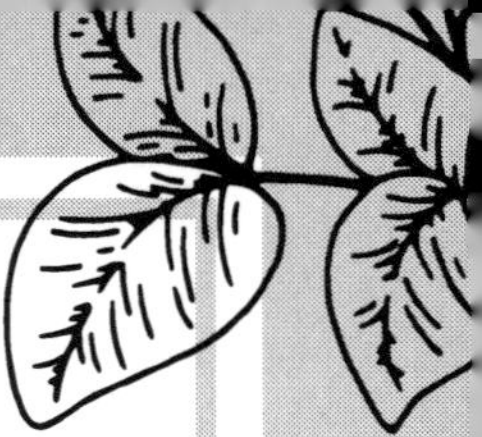
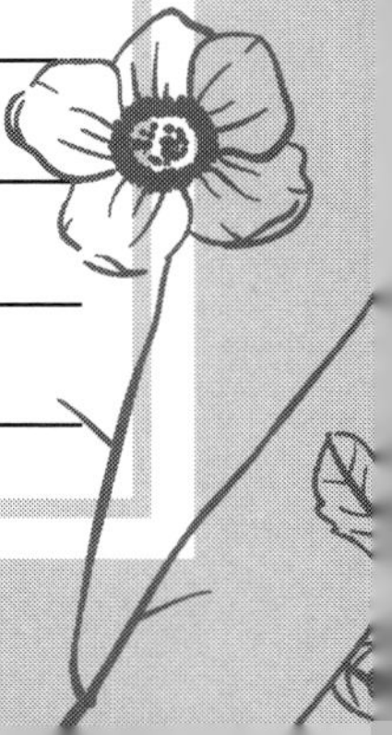

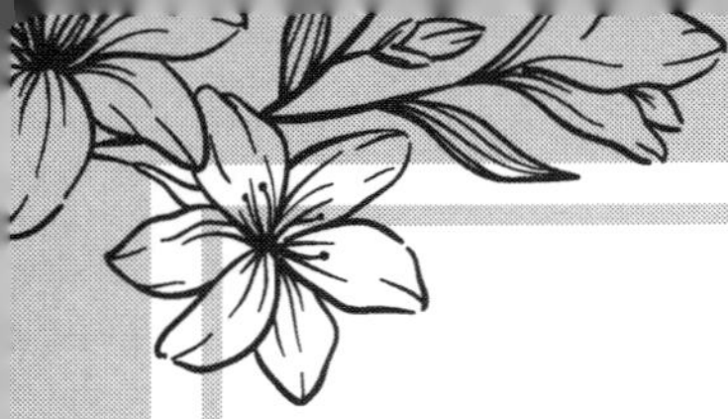

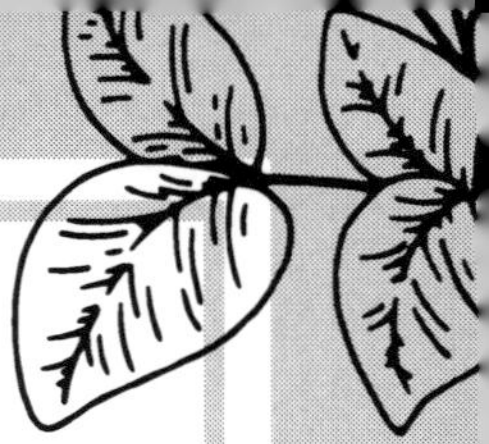

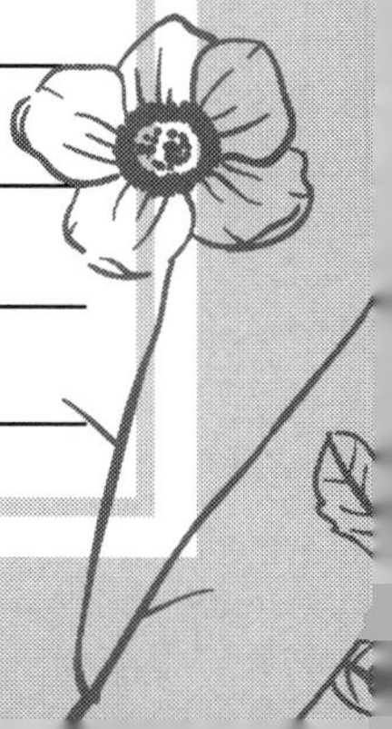

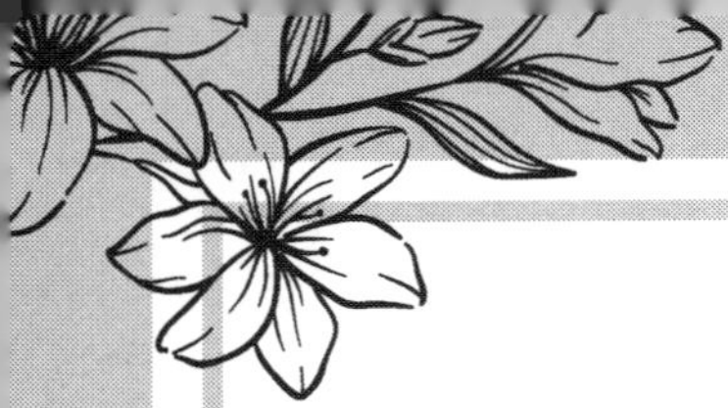
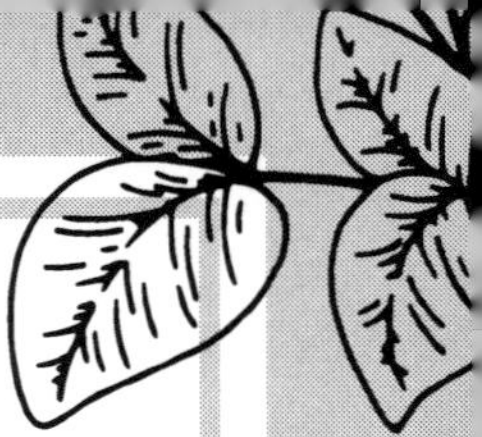
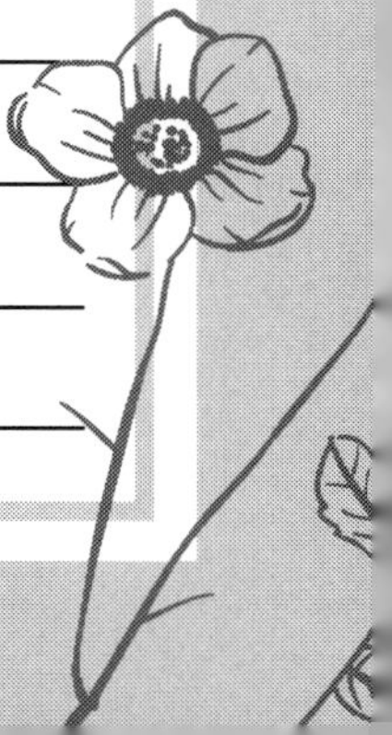

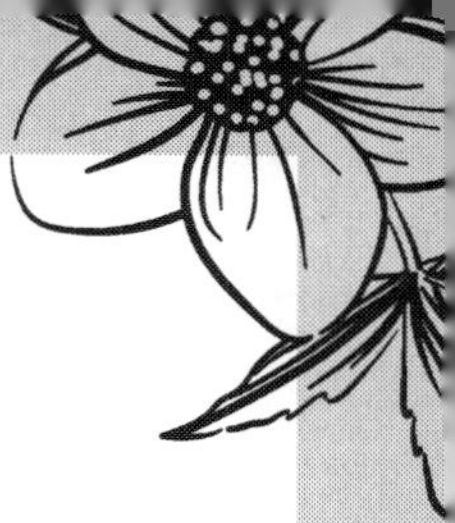

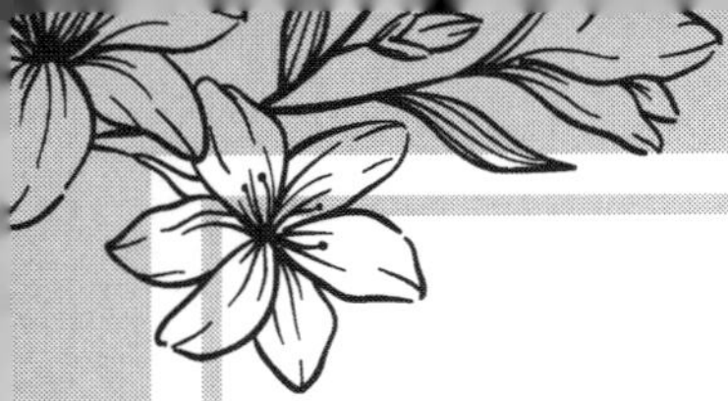

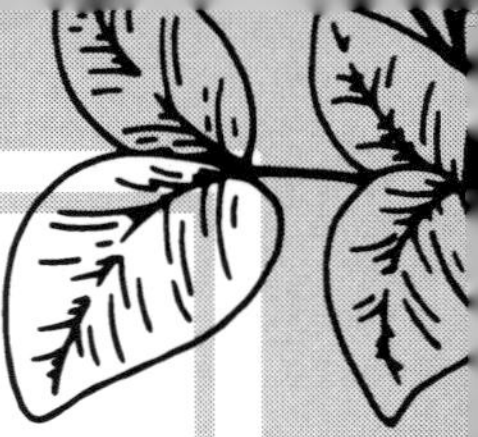

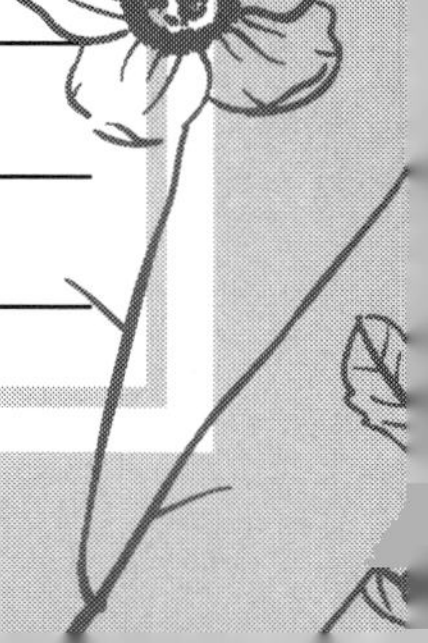

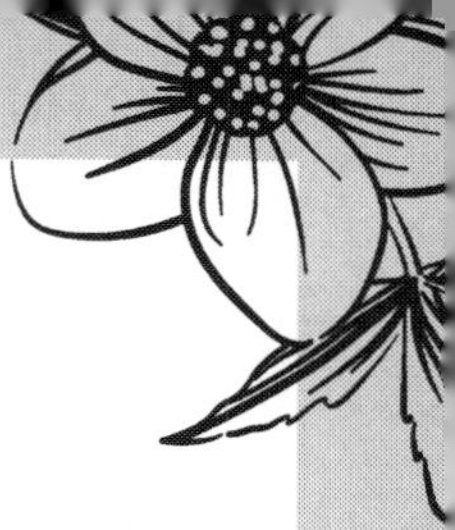

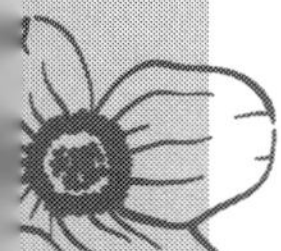

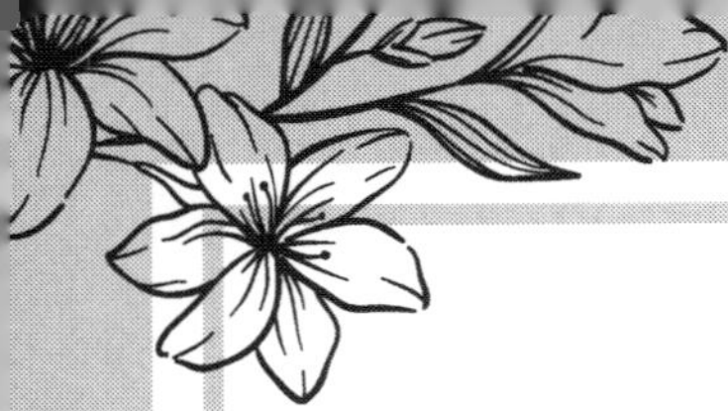

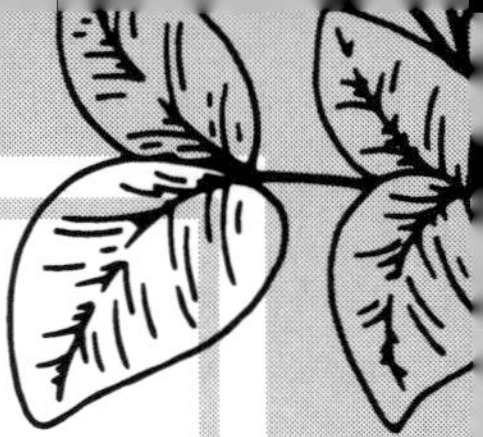

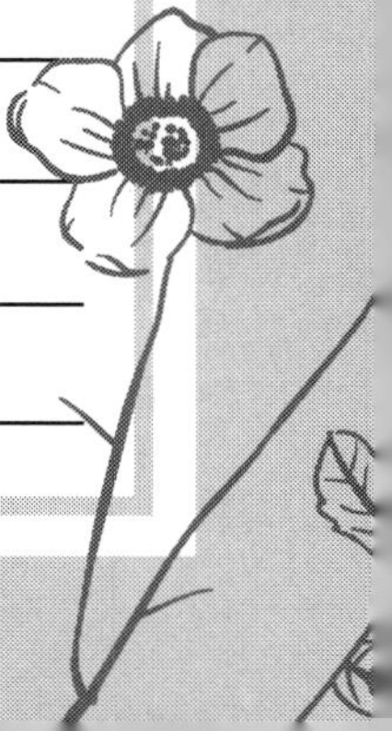

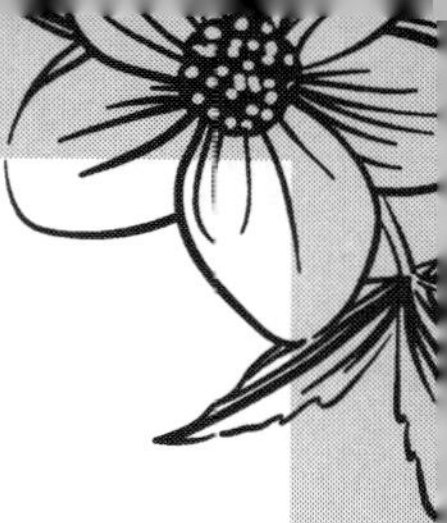

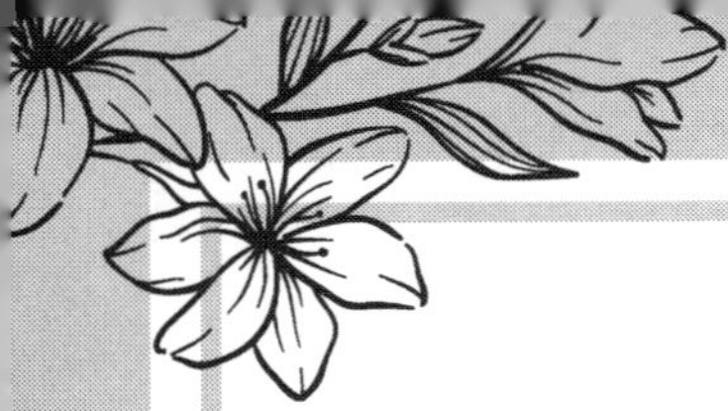
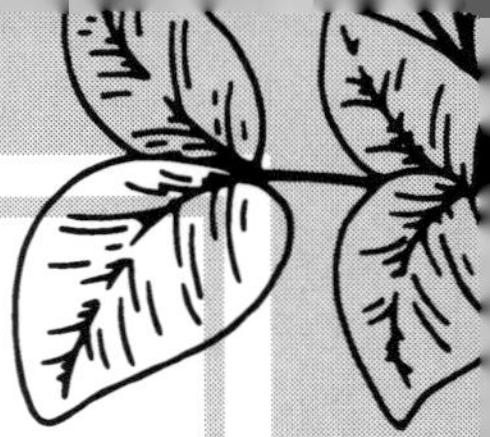
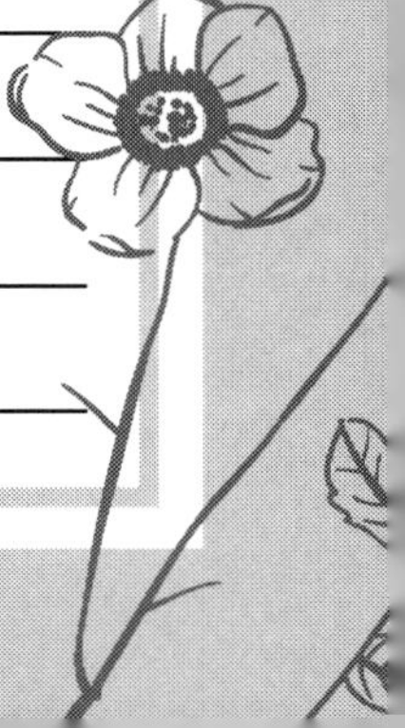

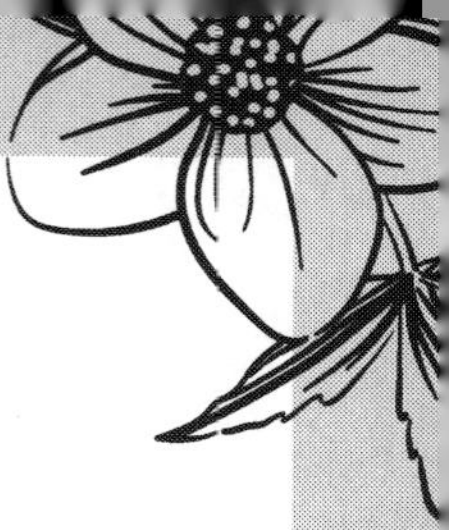

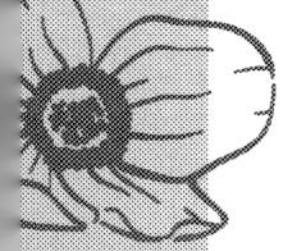

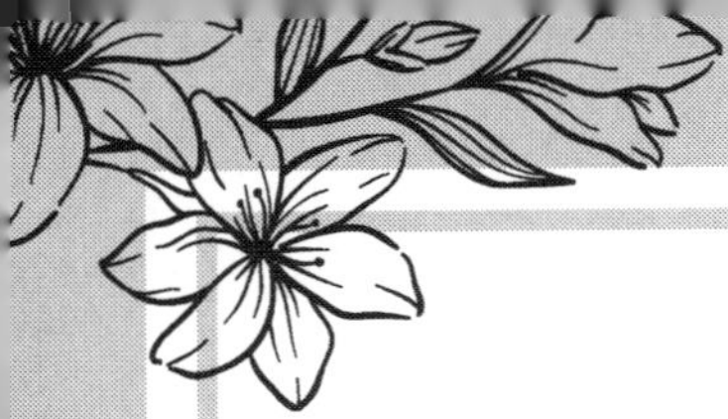
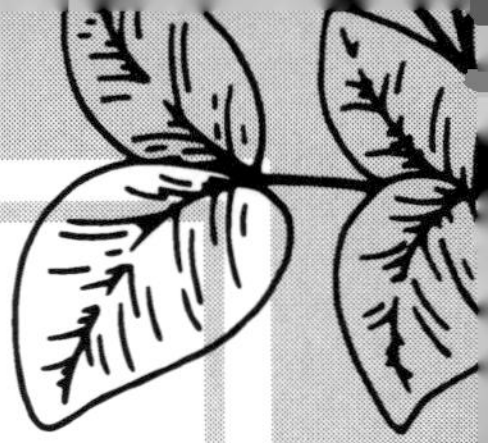
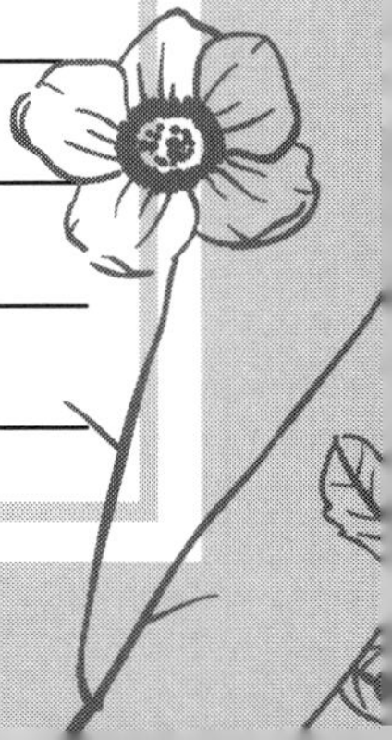

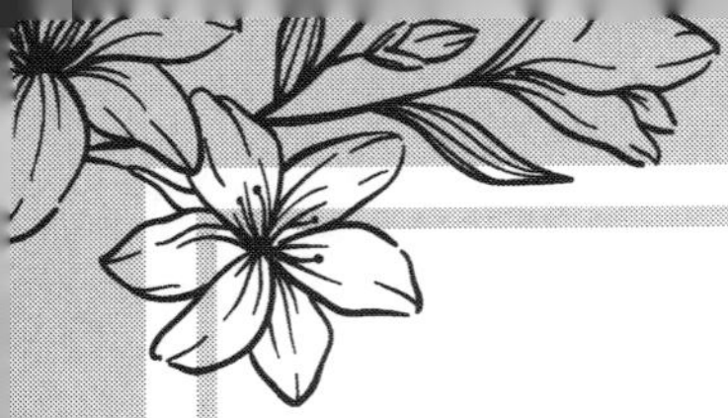

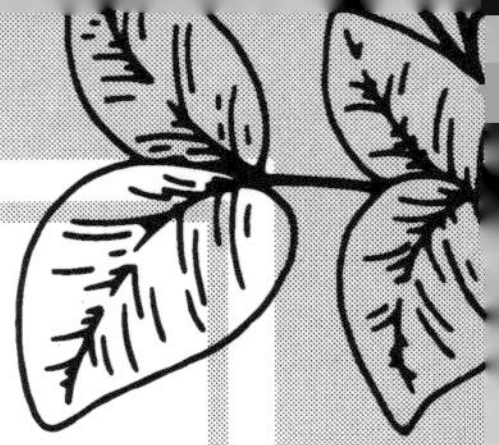

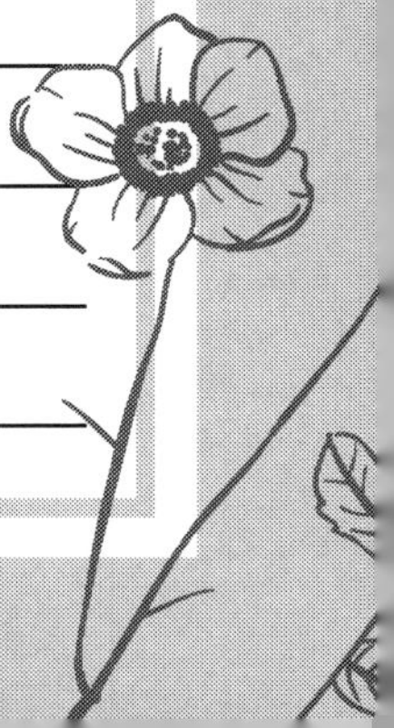

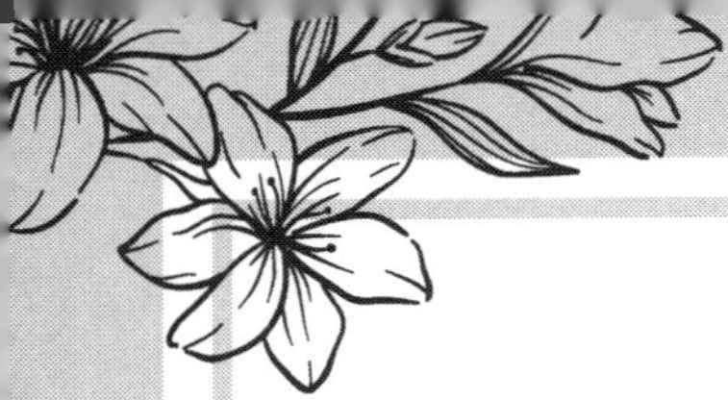
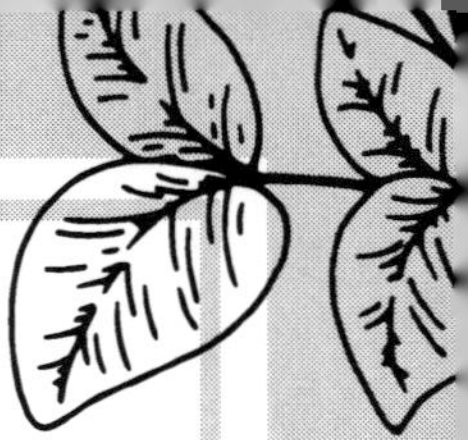
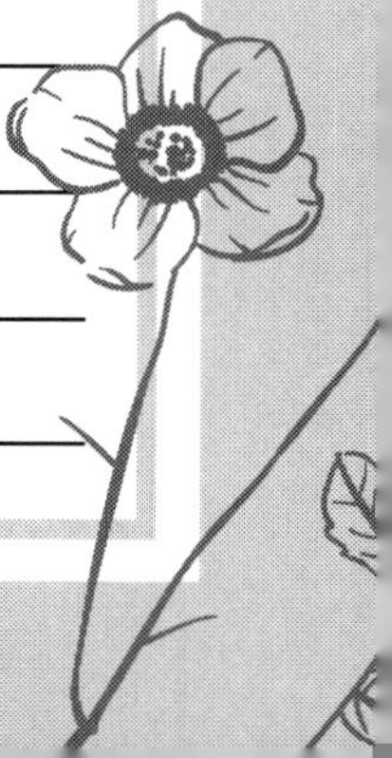

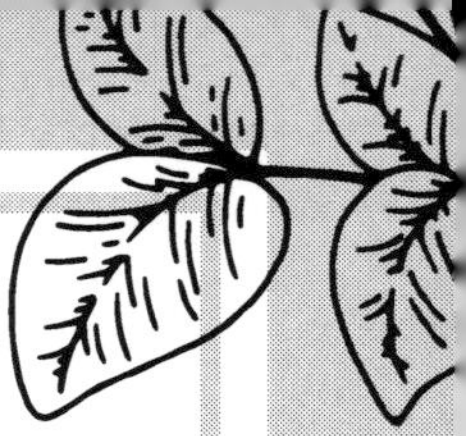
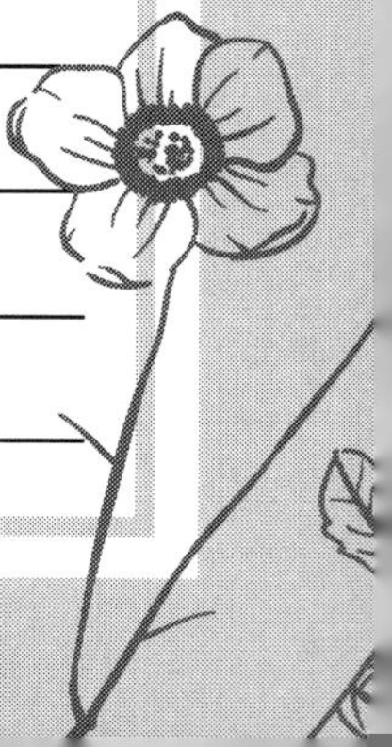

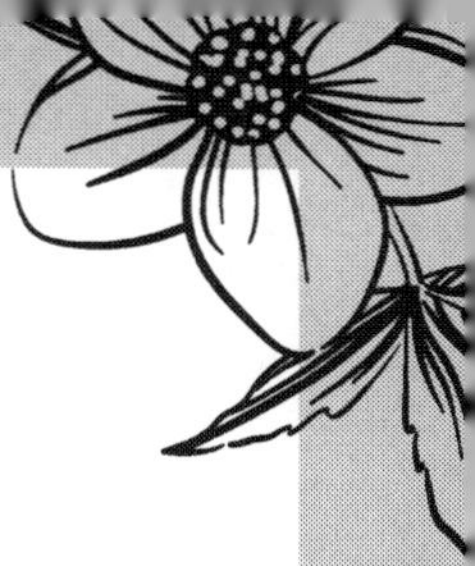

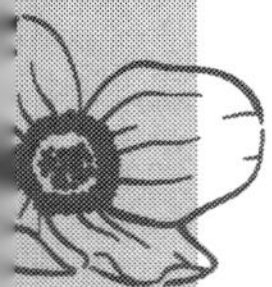

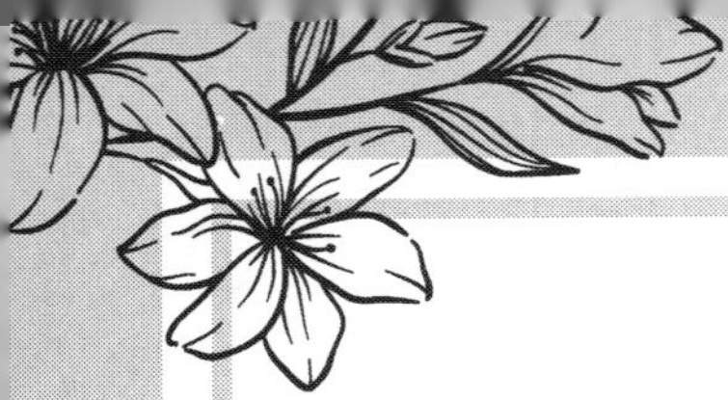

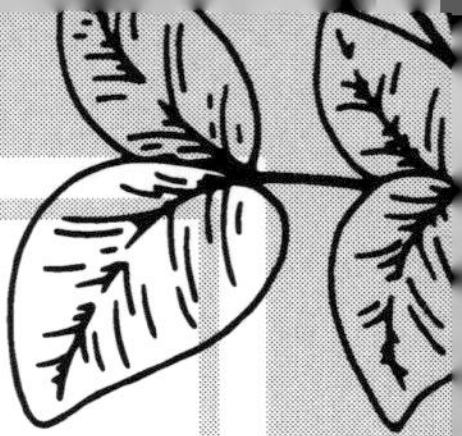

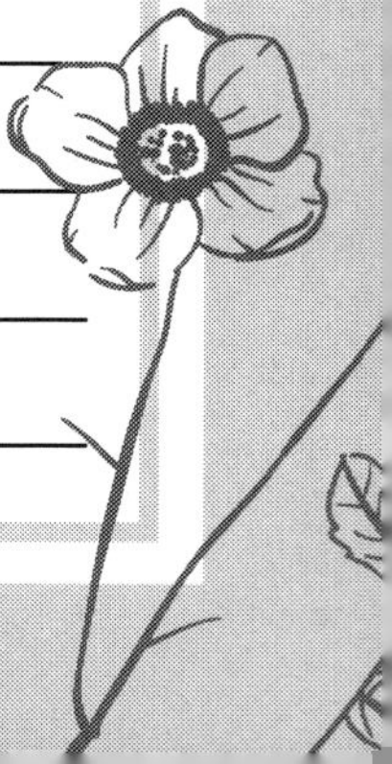

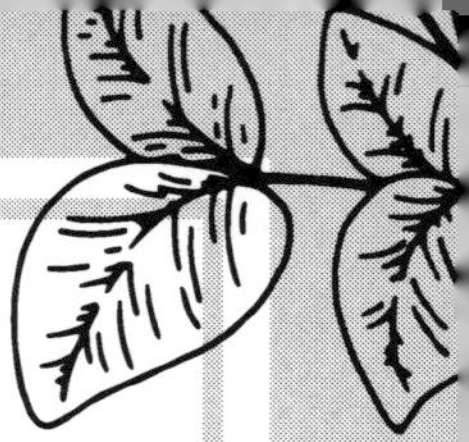
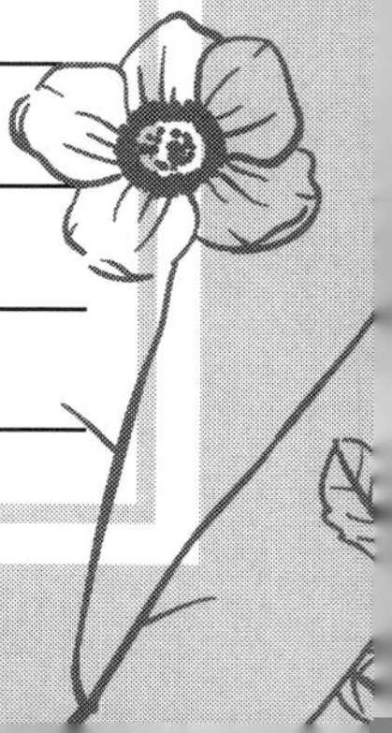

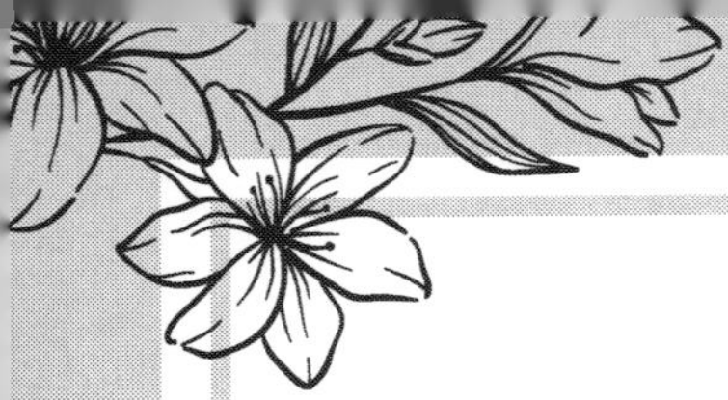
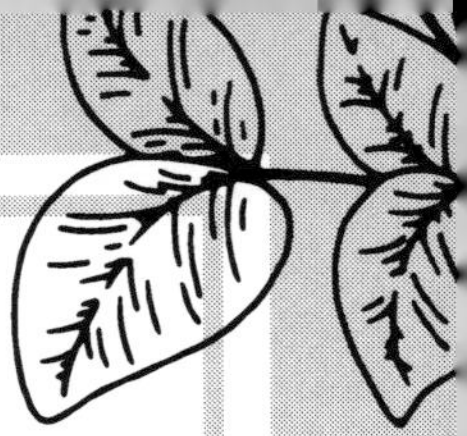
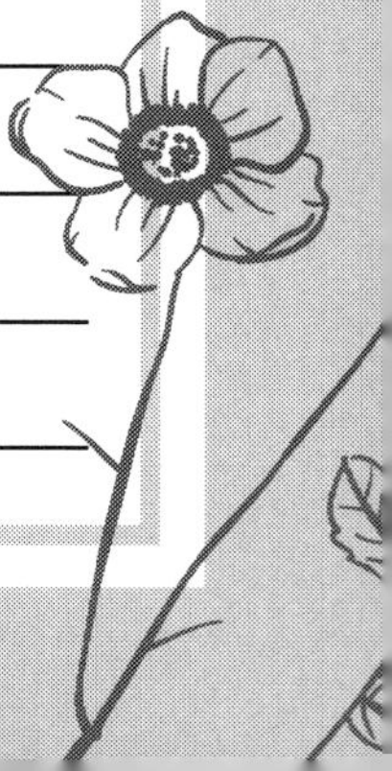

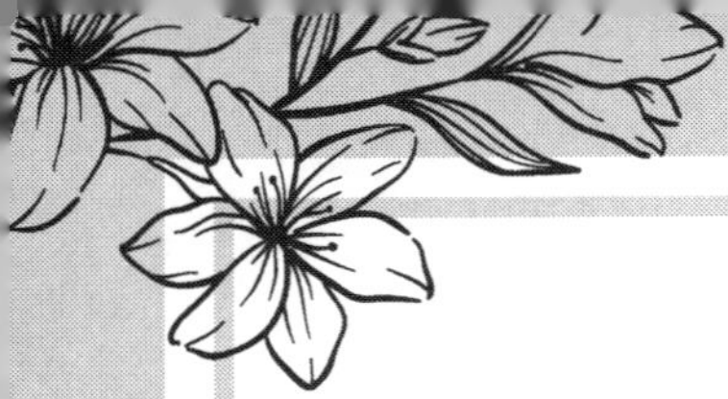
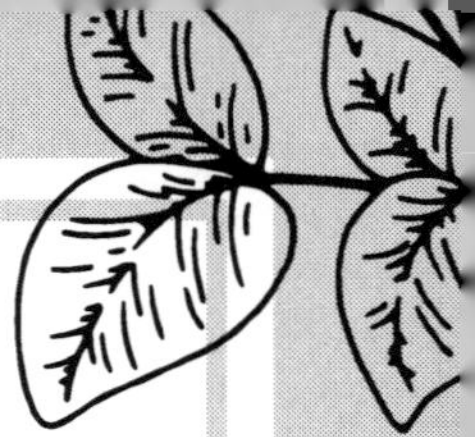
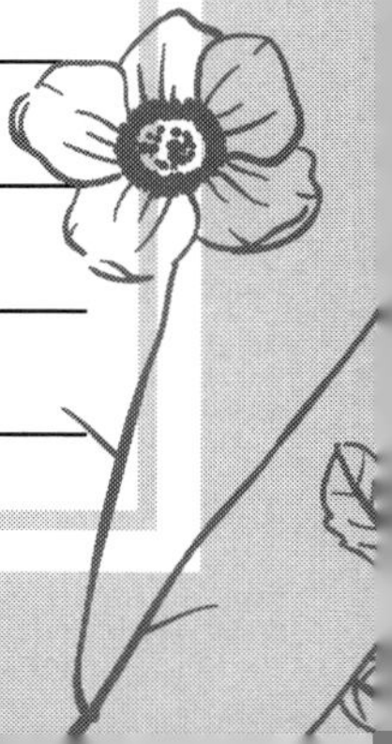

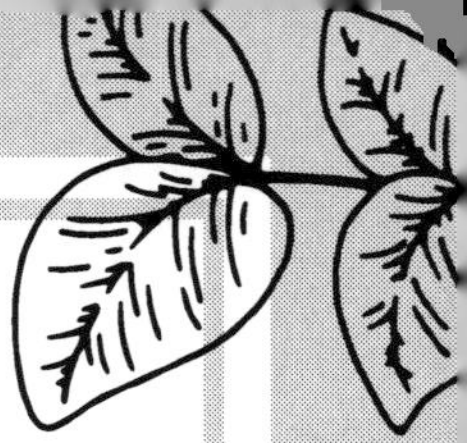

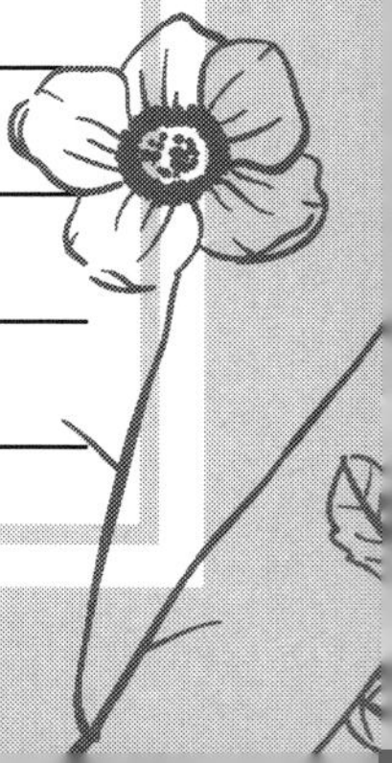

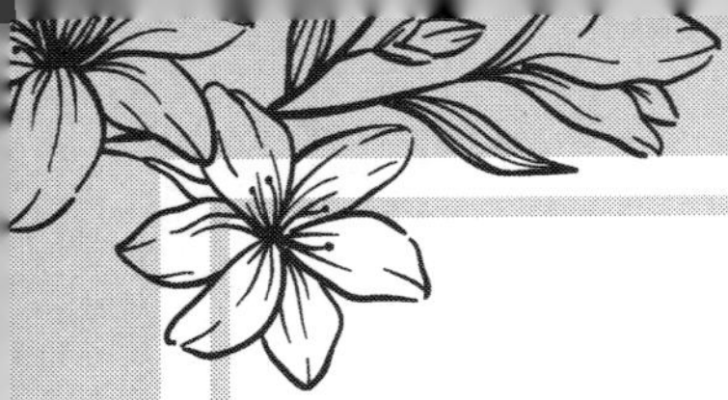

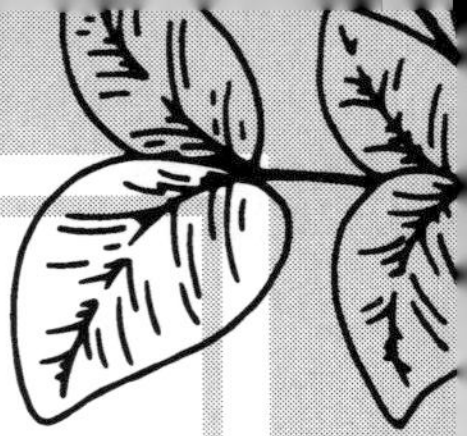

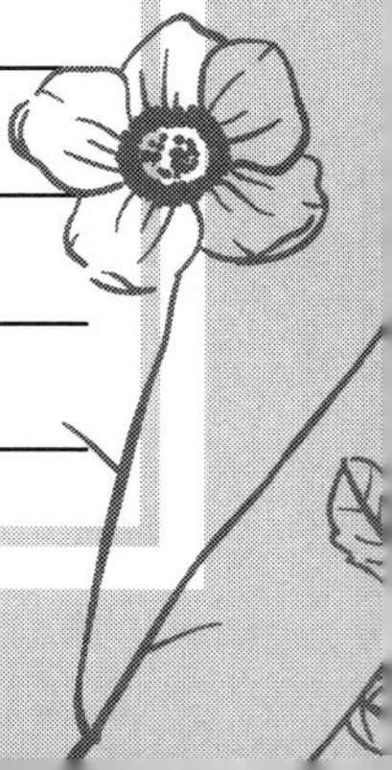

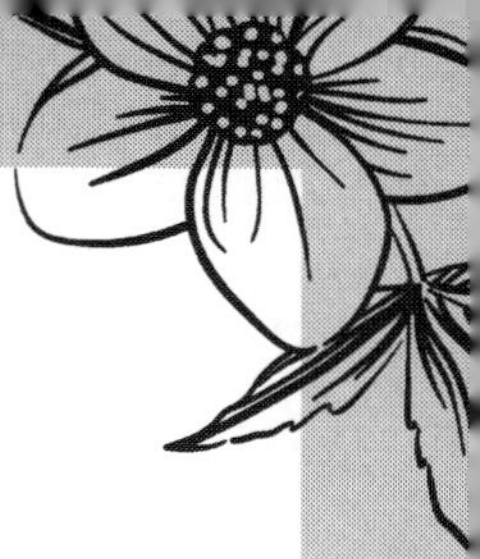

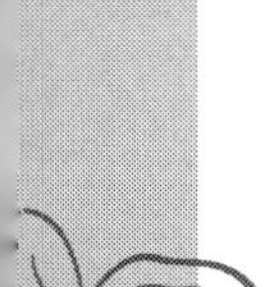

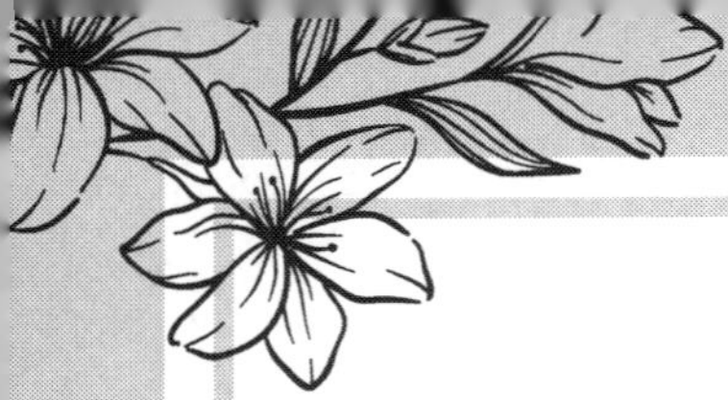

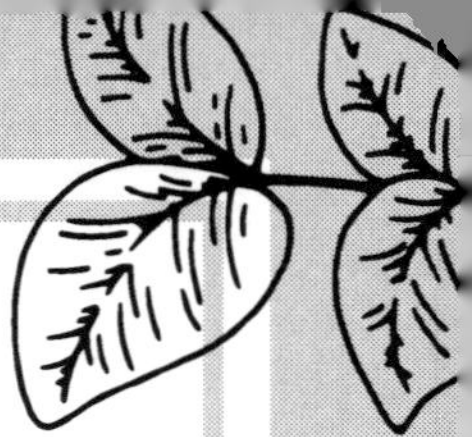

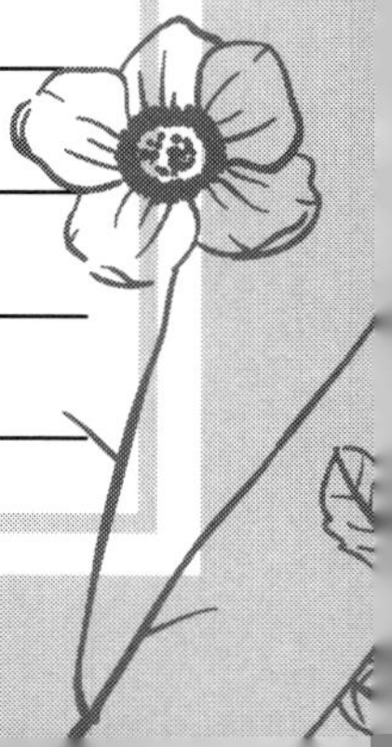

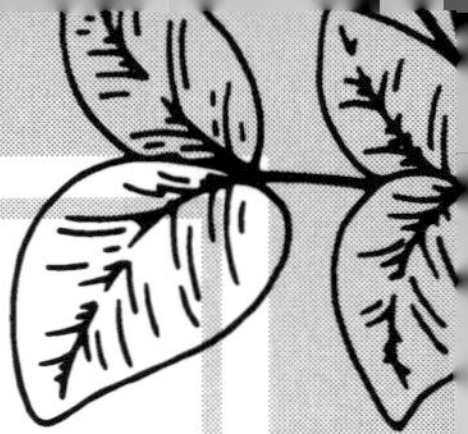

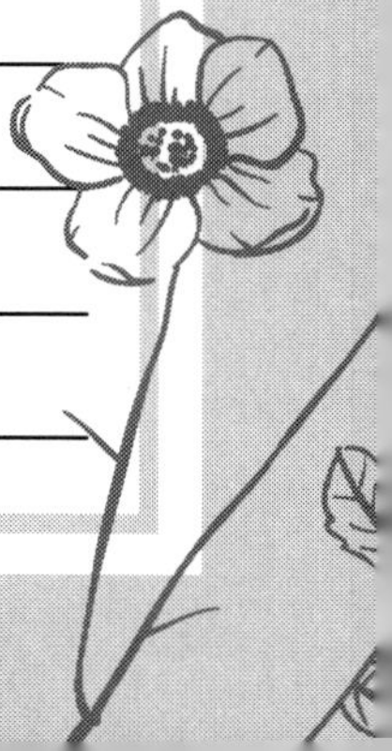

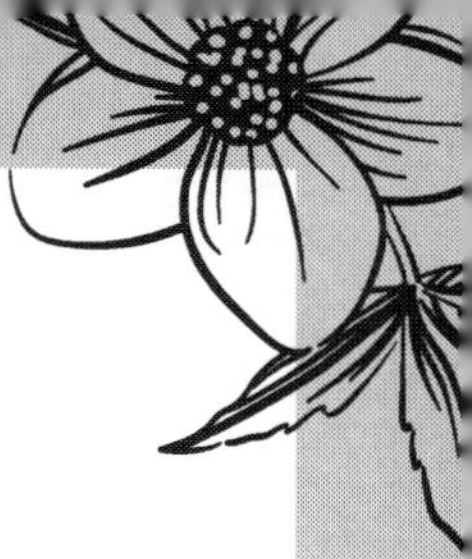

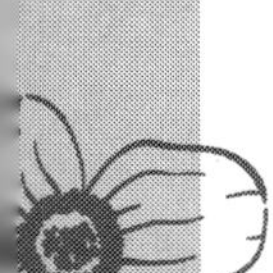

Printed in France by Amazon
Brétigny-sur-Orge, FR

16940030R00058